بِسْمِ اللهِ الرَّحْمٰنِ الرَّحِيْمِ

Rahmân ve Rahîm olan Allah'ın adıyla

Bu kitap özel bir hediyedir
Allah'tan özel bir çocuk için ﷻ.

Seni O'nun sevgisine, merhametine ve nuruna daha da yaklaştırsın

Allah'ı Tanımak ve Sevmek

Allah'ı Çocuklara Tanıtan Bir Kitap

The Sincere Seeker Collection

Allah ﷻ tektir ve birdir.
O, seni, beni ve gördüğümüz her şeyi yaratan şefkatli Yaratıcımızdır.

Her gün Allah ﷻ bize bakar—
Bize lezzetli yiyecekler ve rahat yataklar verir, bizi güvende tutar.

Allah ﷻ her şeyin üstündedir ve bizi her zaman sevgiyle gözetir.

Allah ﷻ hem dev gezegenleri hem de küçücük olanları yarattı.

Dünya'yı bizim güzel yuvamız olarak yarattı.

Gece olunca yıldızlar gökyüzünü aydınlatmak için parıldar.

Allah ﷻ evreni, ona hayranlıkla bakmamız için yarattı.

Allah ﷻ gece parlasın diye dolunayı yarattı.

Yumuşak bulutların başımızın üzerinde nazikçe süzülmesini sağlar.

Bitkiler büyüsün ve yeryüzü temizlensin diye yağmur gönderir.

Her yöne rüzgârlar estirir ve her şeyin canlanması için güneşin sıcaklığını verir.

Allah ﷻ serin suyu ve sıcak suyu yarattı.

Akıp giden nehirleri,
dalgalı büyük okyanusları ve harika canlıların
saklandığı derin denizleri yarattı.

Dalgaları yükseltir ve alçaltır—
bazen yumuşak, bazen güçlü.

Allah ﷻ göğe doğru uzanan
yüksek dağlar yarattı.

Güneşte parıldayan küçük karlı tepeler yarattı.

Her dağ O'nun kudretini ve güzelliğini gösterir.

Allah ﷻ muz ve portakal ağaçlarını
lezzetli meyvelerle yarattı.

Dünyayı rengârenk çiçekler ve
tatlı kokularla doldurdu.

Bazıları bahçelerde açar;
bazıları tarlalarda kendiliğinden büyür.

Her biri Allah ﷻ'ın bize sevinç vermek için
verdiği özel bir hediyedir.

Allah ﷻ bize birbirimizi sevmemiz
ve birbirimize bakmamız için aileler verdi.

Anne ve babalar bizi korur;
sevgi dolu kardeşler oynar ve paylaşır.

Aileler özel bir hediyedir.

Allah ﷻ büyük hayvanlar yarattı.

Uzun hortumlu filler gibi.

Ve yumuşacık, tüylü ayılar gibi.

Keskin dişleri olan yeşil timsahlar yarattı.

Ve denizin derinliklerinde

yüzen dev balinalar yarattı.

Allah ﷻ küçük hayvanlar da yarattı.
Küçücük uğur böceği gibi.
Ve vızıldayan arılar gibi.

Karıncaları, çekirgeleri ve hafif esintide kanat
çırpan kelebekleri,
ve havada hızla süzülen yusufçukları yarattı.

Her biri Allah ﷻ'ın muhteşem
yaratıcılığını gösterir!

Allah ﷻ güçlü büyümemiz için bize
sağlıklı yiyecekler ve içecekler verir.

Taze ekmeğimiz, tatlı üzümlerimiz,
sulu elmalarımız ve altın rengi balımız var.

Ayrıca sarı peynir, kremalı süt ve
sulu tavuk da var!

Aldığımız her lokma ve her yudum
Allah ﷻ'ın bir nimetidir.

Bize verdiğin tüm lezzetli yiyecekler
için teşekkür ederiz, Allah ﷻ!

Allah ﷻ bize hayatı ve daha nice
nimetleri verdi!
Rahat bir ev ve bizi eğlenceli
gezilere götüren bir araba.

İnşa etmek için iki el, görmek
için iki göz ve duymak için iki kulak.
Ve sevgiyle atan kalpler.

Tüm bu harika armağanlar için
teşekkürler, Allah ﷻ!

Allah ﷻ her şeyi görür ve duyar;
en sessiz düşüncelerimizi bile.

Kalplerimizde ne olduğunu ve
içimizde neler hissettiğimizi bilir.

Mutlu düşüncelerimizi ve nazik
davranışlarımızı fark eder.

Allah ﷻ her zaman sevgi ve özenle bizi gözetir.

Allah ﷻ bizi hayal edebileceğimizden
çok daha fazla sever!

O'nun sevgisi okyanustan daha derin,
güneşten daha parlaktır.

Gülerken de ağlarken de, oynarken de dua
ederken de bizimle ilgilenir.

Haydi sevgimizi Allah ﷻ'ı anarak,
O'na dua ederek ve iyilik yaparak gösterelim!

Her iyi şey Allah ﷻ'tan gelir.
O, göklerin ve yerin Nurudur.

Allah ﷻ ışığıyla bize rehberlik
eder ve doğruyu seçmemize yardım eder.

Biz iyilik yaptığımızda kalplerimiz de parlar.

Allah ﷻ'a dua ederiz çünkü
O bizi yarattı ve bizi çok sever.
Biz de O'nu severiz.

Yardım istediğimizde Allah ﷻ bizi duyar ve en
güzel şekilde cevap verir.

Mutlu olduğumuzda da üzgün olduğumuzda da
Allah ﷻ ile konuşabiliriz.

Allah ﷻ her zaman yakındır ve bizi dinler.

Allah ﷻ, O'na iman eden ve iyilik yapanlara
Cennet'i vaat eder—
Dileklerin gerçekleştiği sevinç dolu bir yer.

Tatlı bal ve süt nehirleri orada akacaktır.
Bahçeler hiç solmayan çiçeklerle
dolup taşacaktır.

Lezzetli meyveler, güzel elbiseler ve
sonsuz mutluluk olacaktır.

Haydi Allah ﷻ'ı sevelim, iyilik yapalım ve elim-
izden gelenin en iyisini yapalım—
Bir gün Cennet'te O'nunla birlikte
olabilmek için!

Son

Bu yolculuk seni daha da yaklaştırsın
Allah ﷻ'ın sonsuz sevgisine ve hikmetine.